WMF-19-002
Solo Flute and Piano
MECHA MOTE SERIES

フルートプレイヤーのための新しいソロ楽譜
めちゃモテ・フルート

September

作曲：Maurice White、Al McKay、Alta Sherral Willis　編曲：尾形 誠、田中和音
Maurice White, Al McKay, Alta Sherral Willis　Arr. by Makoto Ogata, Kazune Tanaka

演奏時間：3分20秒

◆ 曲目解説 ◆

ソウル&ファンクの大御所、アース・ウィンド&ファイアーが全盛期の1978年にリリースした楽曲で、バンドの代表曲のひとつです。熱帯JAZZ楽団の代表的なレパートリーとしてもおなじみのこの楽曲。オシャレでエネルギッシュなサウンドとキャッチーなメロディーラインは、一度聴けば頭から離れません。誰もが聞いたことのあるカッコよくノリの良いこの楽曲を、是非演奏してみてください！

パート譜は切り離してお使いください。

Solo Flute and Piano

September

Maurice White, Al McKay, Alta Sherral Willis   Arr. by Makoto Ogata, Kazune Tanaka

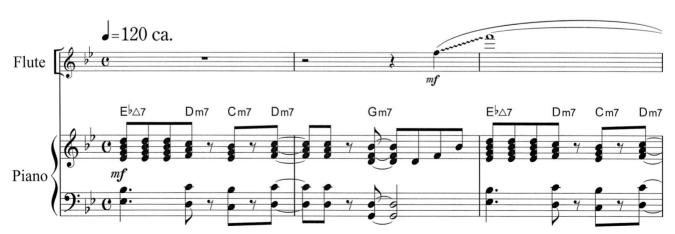

SEPTEMBER
Words & Music by Maurice White, Al Mc Kay and Alta Sherral Willis
© EMI APRIL MUSIC, INC. and EMI BLACKWOOD MUSIC INC.   Permission granted by FUJIPACIFIC MUSIC INC.   Authorized for sale in Japan only.
© Copyright IRVING MUSIC   All rights reserved. Used by permission.   Print rights for Japan administered by Yamaha Music Entertainment Holdings, Inc.

パート譜は切り離してお使いください。

MEMO

◆編曲者・演奏者プロフィール◆

尾形 誠（フルート奏者）

　1989年生まれ、宮城県仙台市出身。常盤木学園高校音楽科を経て東京藝術大学を卒業。
　大学在学中にフルートアンサンブル「FEAMS」を結成。各地で演奏会をする他、編曲を独学で学びフルートアンサンブルの曲を手がける。
　第3回jfosフルートアンサンブルコンクール最優秀賞、ジュニア管打楽器ソロコンテスト第1位他、多数受賞。
　これまでに千釜康乃氏、山元康生氏、神田寛明氏、中野富雄氏、竹澤栄祐氏、仙台ジュニアオーケストラで芦澤暁男氏、ジャズを坂上領氏の各氏に師事。

田中和音（作曲・ピアニスト）

　1987年8月30日大阪生まれ。
　幼少の頃よりクラシックピアノをはじめ、10歳でジャズピアノに転向。野球、ソフトボールと遊びに没頭した高校時代を経て、大阪芸術大学へ入学。関西を代表するジャズピアニスト、近秀樹氏に師事する。
　2010年、ピアニストとして参加している「あきは・みさき・BAND」が、横浜ジャズプロムナード、金沢ジャズストリートのコンペティションにおいて、グランプリをダブル受賞。

ご注文について

ウィンズスコアの商品は全国の楽器店、ならびに書店にてお求めになれますが、店頭でのご購入が困難な場合、当社WEBサイト・電話からのご注文で、直接ご購入が可能です。

◎当社WEBサイトでのご注文方法

http://www.winds-score.com

上記のURLへアクセスし、WEBショップにてご注文ください。

◎お電話でのご注文方法

TEL.0120-713-771

営業時間内に電話いただければ、電話にてご注文を承ります。

※この出版物の全部または一部を権利者に無断で複製(コピー)することは、著作権の侵害にあたり、著作権法により罰せられます。

※造本には十分注意しておりますが、万一、落丁・乱丁などの不良品がありましたらお取り替えいたします。また、ご意見・ご感想もホームページより受け付けておりますので、お気軽にお問い合わせください。